EXPOSÉ
DU PLAN FINANCIER

DE

M. MITIFFIOT DE BÉLAIR

Notaire à Lyon
et membre de la Société d'Economie politique de Lyon

EN VUE DE

L'EXTINCTION DE LA DETTE FRANÇAISE

Par I. A...

LYON
IMPRIMERIE MOUGIN-RUSAND
3, Rue Stella, 3

1878

EXPOSÉ

DU PLAN FINANCIER

DE

M. MITIFFIOT DE BÉLAIR

Notaire à Lyon

et membre de la Société d'Economie politique de Lyon

EN VUE DE

L'EXTINCTION DE LA DETTE FRANÇAISE

Par I. A...

LYON

IMPRIMERIE MOUGIN-RUSAND

3, Rue Stella, 3

—

1878

EXPOSÉ DU PLAN FINANCIER

DE

M. MITIFFIOT DE BÉLAIR

Notaire à Lyon

EN VUE DE L'EXTINCTION DE LA DETTE FRANÇAISE

Par I A...

I

Importance de la dette française.

Le chiffre de la dette française s'élève à plus d
vingt milliards, représentés principalement par :

346,001,605 fr.,	rentes	5 0/0.
37,450,476	id.	4 1/2 0/0.
446,096	id.	4 0/0.
363,672,853	id.	3 0/0.

Total, 747,571,030.

M. Mitiffiot de Bélair, notaire à Lyon, bien connu par le concours qu'il a prêté à des entreprises utiles et prospères dans cette ville, est l'auteur d'un plan financier en vue d'arriver à l'extinction, dans un délai relativement court, de cette dette colossale.

Considérations générales.

Son système consiste à utiliser des capitaux improductifs, à mettre en quelque sorte en jeu des forces perdues.

M. de Bélair ne s'exalte pas les effets de ce système; il ne le présente pas comme un remède prompt et merveilleux : Nous allons voir au contraire que son application exigera un certain temps, et qu'en réalité, ce qui nous est offert ne vise à autre chose qu'à accélérer l'extinction de nos charges si écrasantes en employant à cela tous nos moyens, entr'autres un maniement plus hardi de nos finances publiques.

La dette est-elle nécessaire ?

L'exposé, très-simple d'ailleurs, du plan de M. de Bélair, devrait à la rigueur être précédé de l'examen de cette question préalable qui consiste à se demander si la dette nationale, au lieu d'être un mal dont il faut se défaire, n'est pas une institution très-utile à laquelle il faut bien se garder de toucher.

Nous n'aborderons pas cette question qui, à notre sens, ne mérite pas une discussion véritablement sérieuse : pas plus que les individus, les nations ne s'enrichissent en s'endettant, surtout quand elles s'endettent pour des motifs aussi désastreux, aussi douloureux que ceux qui ont nécessité la plus grande partie de la dette française. Qu'il soit donc entendu que dans cet exposé, nous nous plaçons au point de vue du bien-fondé de l'extinction graduelle de la dette ou de la plus grande partie de la dette. Nous avons lieu d'espérer que l'allégement des charges publiques ne saurait trouver parmi nos lecteurs aucun adversaire convaincu.

II

Brochure de M. Isaac Pereire, intitulée : QUESTIONS FINANCIÈRES.

Nous avons dû toutefois, avant de nous livrer à ce travail, lire avec attention la brochure de M. Isaac Pereire qui nous avait été signalée comme préconisant l'emprunt à outrance.

Nous avouerons que, quant à nous, nous n'avons rien vu, dans le texte de cette brochure, qui fût contraire au principe de l'amortissement de la dette.

M. Pereire reconnaît qu'il faut rechercher l'extinction de la dette.

M. Pereire reconnaît même « *qu'il ne faut pas* « *hésiter* », ce sont là ses propres expressions « *à* « *créer* DES MOYENS EFFICACES *d'extinction.* »

Il est vrai qu'il ne croit pas à la nécessité d'amortir rapidement les emprunts et qu'il combat ce sentiment qu'il appelle une erreur économique, dont la commission du budget de 1877 lui a paru imbue.

Mais il veut cette extinction lente.

L'auteur n'est pas effrayé du tout d'étendre aux générations futures et de reporter sur elles l'amortissement des charges que nous avons été amenés à nous imposer.

Ce qu'il cherche surtout, c'est l'augmentation de la prospérité publique.

En définitive, l'impression qui reste de la lecture de la brochure intitulée : *Questions financières*, est que son auteur se préoccupe bien moins de diminuer la dette dans le sens absolu de ce mot, que de la rendre relativement moins lourde par rapport à la prospérité générale dont il recherche l'accroissement.

Il veut comme la noyer dans un océan d'améliorations qui lui paraissent promptement réalisables et dont voici les principales : activité plus grande imprimée à l'industrie par la suppression ou la diminution de certains impôts qu'il considère, et avec juste raison, comme des entraves ; réduction du taux de l'intérêt par suite de la conversion et, comme conséquence, obligation pour un plus grand nombre d'individus de se livrer au travail et d'augmenter ainsi la production ; diffusion plus générale, plus profonde de l'enseignement, etc., etc.

Si l'auteur ose parler d'emprunts nouveaux, c'est pour des objets déterminés, pour des entreprises utiles et assurément rémunératrices pour les capitaux qui y seraient engagés ; ce seraient des emprunts dans la forme de ceux réalisés par les obligations des chemins de fer.

Nous nous laisserions trop facilement entraîner à analyser en détail cette brochure qui n'est pas sans attrait, mais nous sortirions de notre cadre.

Concordance entre les idées de M. de Bélair et celles de M. Pereire.

Nous ne signalerons en deux mots, de cette brochure, qu'un point de contact très-remarquable avec le plan qui nous occupe :

Pendant que M. de Bélair, beaucoup plus soucieux que M. Pereire de l'amoindrissement de la dette, puise ses moyens dans les caves de la Banque, M. Pereire, préoccupé de vivifier l'activité industrielle, veut conserver ce que l'Etat tient déjà de la Banque; il blâme vigoureusement la commission du budget d'avoir maintenu les remboursements à lui faire.

Ce qu'il dit, en quelques lignes, de plus catégorique à cet égard est trop dans notre sujet pour ne pas être cité ici.

Considération en faveur du concours de la Banque.

« La Commission (il s'agit de la Commission du
« budget), aurait sans doute appris que, quand on
« ne doit plus que 600 millions à un établissement
« qui tient tout de l'Etat, et à qui la société permet
« de battre monnaie avec ses billets jusqu'à concur-
« rence de 3 milliards; ce n'est pas prendre une
« liberté trop grande que de lui demander plus de
« quatre années pour le remboursement d'un solde
« relativement faible, et dont la disponibilité eût
« aidé à l'accomplissement des réformes les plus
« urgentes. Au fond, ce n'est pas la Banque qui
« aurait fait crédit au gouvernement, car elle n'en
« serait pas moins restée son obligée pour le crédit
« de 3 milliards que le commerce et l'industrie lui
« accordent par le cours forcé de ses billets.

« Le gouvernement anglais est aussi débiteur de
« la Banque de son pays; il a contracté envers elle
« une dette séculaire de 350 millions, et pour cela
« il ne lui a accordé, en dehors de ses fonctions
« ordinaires, que le privilége d'émettre une somme

« correspondante de billets. Avec les moyens qu'au-
« rait fournis l'ajournement des remboursements à
« la Banque de France, on aurait pu réduire l'impôt
« des boissons, l'impôt du sucre, celui du sel, celui
« des patentes, et faire ainsi une expérience sem-
« blable à celle qui a pleinement réussi en Angle-
« terre ; expérience dont les résultats ont procuré
« de très-grands accroissements de produits comme
« conséquence naturelle de l'abaissement des taxes,
« et amélioré le bien-être des masses, en augmen-
« tant l'aisance des riches par le développement
« donné à l'industrie et au commerce. »

Voici donc deux plans financiers faits à des dates éloignées et dont les auteurs n'ont évidemment pu se consulter, qui sont loin d'avoir les mêmes principes, dont le but, au fond le même, n'a pas immédiatement la même apparence, et qui empruntent les mêmes moyens, bien qu'avec une intensité différente.

Il y a là, entre les idées, une concordance très-digne de remarque, et dans laquelle nous avons puisé un encouragement.

Il ne nous reste qu'à préciser, et nous le ferons brièvement, le système de M. Mitiffiot de Bélair, à en étudier l'efficacité et à chercher à démontrer, autant qu'il nous sera possible, qu'il n'est pas en contradiction avec les principes sur lesquels reposent la sécurité, les garantïes et enfin le prestige si légitime de la Banque de France.

III

Exposé du plan de M. Mitiffiot de Bélair.

M. de Bélair demande à la Banque une avance de 2 milliards sur les 2 milliards 200 millions de numéraire, et les 800 millions de billets qui sont tout à fait improductifs dans ses caves.

Ces deux milliards, l'auteur du projet les emploie, suivant le cours du moment, soit au rachat de rentes 5 %, soit à un remboursement de cette rente proportionné au capital qu'il peut y employer.

Si la rente était au-dessous du pair, c'est l'achat qui serait avantageux pour l'Etat, et qu'il faudrait effectuer.

Mais si la rente était au-dessus du pair, comme dans ce moment, c'est au remboursement du pair qu'il faudrait procéder.

Le premier cas, celui de l'achat, est fort simple ; le second, celui du remboursement, est un peu plus compliqué parce que chaque porteur de rentes doit participer au remboursement. C'est le mécanisme de cette opération de remboursement qu'il est intéressant d'expliquer, d'autant plus que nous pouvons déjà, il faut le croire du moins, considérer le 5 % comme définitivement au-dessus du pair.

Précisons de suite :

L'importance de la partie de la dette publique représentée par du 5 % est de 346,001,605 de rente, soit un capital de 6,920,032,100, au pair.

Remboursement d'une fraction franche de la dette 5 %.

Comme il importe de faire le remboursement d'une fraction très-nette de ce capital, nous proposerons d'en rembourser le quart, soit 1,730,008,025.

Chaque titre de rente sera réduit d'un quart : un titre de 100 fr. deviendra un titre de 75 ; un titre de 60 fr. deviendra un titre de 45, et un titre de 20 fr. deviendra un titre de 15, etc.

Pour éviter toute confusion, les anciens titres seraient retirés et frappés d'un timbre de réduction ; en échange seraient remis les titres au chiffre réduit et la soulte de 500 fr., de 300 fr., de 100 fr., etc., suivant les titres pris dans les exemples cités ci-dessus ou autres, suivant les cas.

Quant aux titres retirés, ils seraient livrés à la Banque qui en toucherait la rente réduite, mais qui en tiendrait compte-courant à l'Etat, selon ce qui serait convenu.

Commission à la Banque.

Elle s'allouerait d'abord 1/2 % de commission, c'est-à-dire la dixième partie de la rente ; il resterait 4 1/2 qu'on pourrait, à la rigueur, attribuer à l'amortissement des deux milliards empruntés, car, à l'heure qu'il est, le paiement de toute cette rente se fait aux porteurs de titres, sans qu'il en résulte aucun amortissement.

*L'économie du système réside dans une différence
d'intérêts.*

Toute l'économie du système réside en effet, dans
l'abandon généreux (s'il y a vraiment générosité à
abandonner un avantage illusoire pour soi, c'est
le cas de la Banque, puisque son capital était improductif), dans l'abandon, dis-je, fait par un prêteur
au taux de 1/2 %, d'un capital de deux milliards
dont l'Etat emprunteur tirera 5 % en achat de
rentes.

Tout le mécanisme repose sur une différence d'intérêts.

*L'auteur s'est préoccupé de donner plus de développement à l'industrie et d'une diminution immédiate de
certains impôts, tout en amortissant d'une manière
continue.*

Dans un premier projet, M. Mitiffiot de Bélair ne
disposait que de 2 0/0, soit 40 millions pour l'amortissement ; il lui restait 2,50 0/0, soit 50 millions,
pour des améliorations utiles et le dégrèvement des
impôts qui entravent l'industrie.

C'est une concession et une concession utile,
croyons-nous, aux errements du passé qui ont consisté, pour l'Etat, à toujours céder à la tentation de
porter la main sur la caisse d'amortissement, au
lieu de veiller, avec un soin vigilant, à la laisser

fonctionner d'après les principes qui avaient présidé à sa fondation.

M. de Bélair fait comme la part du feu ; il veut avec son système fournir les ressources qu'on puisait à tort dans l'amortissement, tout en laissant s'amoindrir progressivement et comme d'elles-mêmes les charges de l'Etat.

Il peut agir ainsi en toute sécurité. En effet :

L'auteur d'un *Historique de l'amortissement* (1) disait :

« Il est donc bien possible d'asseoir sur des bases
« sérieuses et inébranlables le mécanisme de l'a-
« mortissement en sauvegardant tous les principes
« et en donnant satisfaction à tous les intérêts ;
« mais à la condition, rappelée, par le rapporteur
« de la loi de 1866, que les gouvernements aient la
« ferme volonté d'amortir et que les systèmes ac-
« ceptés aient une marche régulière et soient suivis
« avec persévérance. »

La Banque gardienne intéressée et vigilante de l'exécution du plan.

Eh bien, le plan d'amortissement conçu par M. de Bélair contient, au moins à l'origine et pour longtemps encore, comme nous allons le voir, le frein, le guide de cette marche régulière, c'est la

---

(1) M. Rougier, professeur de droit à la Faculté de Lyon.

Banque elle-même qui ira d'office exiger ses annui-
tés et qui sera intéressée à les conserver pour reconstituer son capital.

Calculs de la puissance du plan d'amortissement proposé.

Mais quoiqu'il en soit, et si nous pouvons légiti-
mer le large emprunt que l'auteur du plan fait à la
Banque, ce dont nous nous occuperons tout-à-
l'heure, il est évident que nous avons entre les
mains un moyen d'amortissement dont l'apprécia-
tion de la puissance n'est plus qu'une question de
chiffres.

Nous ferons tous nos efforts pour en adoucir l'a-
ridité.

Deux hypothèses.

Nous n'examinerons que deux hypothèses, bien
persuadé qu'elles suffiront pour permettre d'en
créer et d'en apprécier d'autres, s'il plaisait d'en
faire sur des bases un peu différentes.

IV

Première hypothèse : tout consacrer à l'amortissement.

La première hypothèse que nous prendrons consistera à supposer que nous consacrons à l'amortissement *tout* ce qui reste de la rente retirée, la commission de la Banque une fois prélevée, soit 4 1/2 0/0. Ce sont les 9/10ᵉ du chiffre de rente 5 0/0 retiré.

Notre premier soin sera d'amortir et de rembourser à la Banque les deux milliards que nous lui avons empruntés.

Reconstitution rapide du capital emprunté à la Banque.

Cela est très-important : il faut reconstituer le plus tôt possible son encaisse, car on peut nous faire une première objection que nous serons loin de chercher à esquiver : ce que vous prenez à la Banque, nous dira-t-on, c'est le capital qui s'y est accumulé par suite de la confiance publique dont jouissent ses billets et en échange desdits billets qui ont été trouvés plus commodes pour la circulation ; ce capital, c'est l'outil nécessaire aux escomptes, c'est l'instrument de la Banque.

Mais il faut remarquer que dans ce moment (ou à une époque immédiatement récente) si nous prenons deux milliards à la Banque, il lui en reste encore un, ce qui suffit largement en temps ordinaire à ses escomptes, sans qu'il soit nécessaire d'en élever beaucoup le taux. Il est d'ailleurs facile de juger la rapidité avec laquelle ce capital qui lui était improductif et que nous lui avons pris va rentrer dans ses caves.

Nous avions 346,001,605 de rentes 5 0/0 ; nous en avons livré à la Banque, en chiffres ronds, pour.................. 86.500.000

Comme nous n'avons consacré à cet achat que 1,730,000,000, nous disposons encore de 270,000,000 sur les 2 milliards empruntés (j'ai arrondi les chiffres).

Si vous le voulez bien, nous utiliserons ce reliquat à l'achat, au-dessous du pair, soit au cours moyen, même élevé, de 75, de 10,800,000 de rentes 3 0/0 ; c'est à peu près la 34ᵉ partie de ce qu'il en existe.

Ne nous arrêtons pas à déduire les frais de l'opération. Cela compliquerait inutilement les calculs. Nous aurons tout-à-l'heure l'occasion d'éliminer cet élément inévitable.

Nous livrons donc à la Banque, en rentes 3 0/0............................ 10.800.000

Elle touchera annuellement en somme. 97.300.000
Sur lesquels nous lui devons pour commission................................ 10.000.000

Reste............... 87.300.000
à affecter d'abord à l'amortissement des deux milliards empruntés.

*Somme précise à affecter chaque année à l'amortisse-
ment. — Discussion du mode d'emploi de cette
somme.*

Comment allons-nous procéder à cet amortissement ?

Remarquons d'abord que si la Banque n'est pas
trop gênée, que si elle n'a pas immédiatement besoin
de ses capitaux, elle peut employer les 87,300,000
francs que nous allons lui verser annuellement, à
racheter de la rente 5 0/0 qui lui offrira un intérêt.
assuré ; que si, au contraire, elle a besoin d'argent,
l'annuité sera bien employée dans les escomptes et
rapportera encore un intérêt à porter, bien entendu,
à notre crédit.

*Mouvement de hausse de la rente qu'entraînera l'appli-
cation du plan.*

Mais, d'un autre côté, il faut tenir compte du
renchérissement qui sera imprimé au 5 0/0, soit par
le remboursement du quart qui en aura été fait, soit
par les achats successifs de la banque elle-même.

Il en résultera que l'argent employé à l'achat du
5 0/0 ne rapportera plus le 5.

Si nous supposons un cours moyen de 112 au
5 0/0, l'argent ne sera plus employé qu'au taux de
4,46, mettons à 4 1/2.

C'est avec ce taux de 4 1/2, et au moyen d'une

annuité de 87,300,000 fr., à intérêts composés, qu'il faut calculer la durée du remboursement à la Banque.

Expression du problème des intérêts composés qui fait la base du système.

Or, le capital de 2 milliards représente à peu près 23 fois l'annuité à affecter à son amortissement. Le problème consiste à se demander pendant combien d'années il faudra répéter un placement annuel, au taux de 4 1/2, à intérêts composés, pour acquérir un capital égal à 23 fois le chiffre de ce placement annuel.

Nous n'avons heureusement pas à refaire ce calcul que d'autres ont fait pour nous : les tables nous indiquent qu'il suffit, et au-delà, de 16 ans.

Constatations des résultats de l'amortissement au bout de diverses périodes.

Au bout de onze ans, on aurait déjà constitué la moitié du capital qu'on veut rembourser.

Au bout de cinq ans seulement, c'est 500 millions qui auraient pu être rendus.

On voit que la Banque, qui, d'autre part, perçoit encore sa commission annuelle de 10 millions, n'aurait pas grande gêne à craindre, d'autant plus qu'elle reçoit ces annuité et commission par trimestre.

Ressources totales attribuées annuellement à la Banque.

Si vous vouliez faire une seule masse de l'annuité 87,300,000, et de la commission 10 millions qu'elle reçoit annuellement, soit en tout 97,300,000, et supposer que la Banque fasse seulement travailler cette somme à 4 1/2, ce qui n'a rien d'excessif, puisque ce taux est toujours garanti par l'achat de rentes, c'est au bout de 14 ans seulement que la Banque se trouverait intégralement remboursée.

Au bout de 8 ans et quelques mois, un milliard lui serait déjà rentré.

Au bout de 14 ans la Banque a récupéré tous ses moyens.

Nous voilà donc au bout de 14 ans en fait, ou de 16 ans en droit, libérés avec la Banque ; nous voulons dire qu'au bout de 14 ans, nous lui avons rendu tous ses moyens d'action.

Il nous reste à racheter, en chiffres ronds, 260 millions de rente 5 0/0 (exactement 259,501,605) qui, à 112, représentent un capital de 5,824,000,000, soit 6 milliards.

Et pour ce rachat, nous avons toujours à notre disposition la même annuité de rente 5 0/0 sur laquelle la Banque n'a maintenant plus aucun droit.

Or, il résulte de calculs analogues à ceux que nous avons déjà faits, qu'avec cette annuité de 97,300,000 francs, il faut, à l'intérêt composé de 4 1/2, 30 années pour racheter six milliards — 30 plus 16 font 46 ans, et nous avons racheté tout le 5 0/0.

Au bout de 46 ans nous avons racheté tout le 5 0/0, et nous n'avons intéressé la Banque que pendant 14 à 16 ans.

A ce moment, il nous restera à racheter le 4 1/2, le 4 et la plus grande partie du 3.

Nous reconnaissons encore qu'alors la rente 4 1/2 vaudra bien en moyenne 112,50, c'est-à-dire qu'en réalité elle ne rapportera plus que 4 0/0.

Mais possédant, au bout de 46 ans, toute la rente 5 0/0, la première annuité qui devient disponible (même à la fin de la 46e année, à cause de fractions que j'ai négligées dans les calculs) se trouve être du chiffre actuel total de la rente 5 0/0, soit de 346,001,605, plus, toujours, les 10,800,000 francs de rentes 3 0/0 achetées au début, soit en tout 356,801,605, car nous n'avons plus, je le rappelle, à servir à la Banque aucune commission.

Considérons, d'autre part, que le capital nominal de 4 1/2 au pair, que nous avons le droit de rembourser, s'élève à 832,200,000 francs en chiffres ronds (le chiffre de la rente s'élève, comme nous l'avons dit, à 37,450,476 fr.)

Remboursement au pair des quatre dixièmes du 4 1/2 0/0.

Notre annuité de 356,801,605 fr. nous permettrait de rembourser presque la moitié de la rente 4 1/2 au pair ; mais ne pouvant atteindre cette fraction, contentons-nous d'en rembourser les quatre dixièmes. Nous aurons à employer à cela les quatre dixièmes de 832,200,000 francs, soit 332,880,000 (1).

Il nous restera 23,921,605, soit 24 millions.

Remboursement au pair du 4 0/0.

Comme nous n'avons que 446,096 de rentes 4 0/0, remboursons-les de suite au pair, ce qui nous emploiera 11,152,400.

(1) On nous objectera qu'un remboursement aussi considérable et aussi brusque surprendra très-désagréablement les rentiers porteurs de 4 1/2 0/0.

Nous répondrons qu'ils auront été prévenus bien longtemps à l'avance.

Que si cependant l'on ne voulait pas faire un rachat aussi considérable, qu'on convertisse, et ce sera facile avec la masse de capitaux en réserve, le 4 1/2 en 4. L'Etat aura un adoucissement marqué à ses charges. On pourra même combiner cette conversion avec un remboursement partiel. Nous continuerons ensuite à racheter du 4. Mais il ne s'agit ici que de montrer dans un ou deux cas l'efficacité du système. Nous ne tenons pas absolument aux détails qui peuvent être modifiés suivant les circonstances.

Paiement des menus frais de l'opération.

Abandonnons maintenant le reliquat considérable pourtant de 12,769,205 pour les menues dépenses inévitablement inhérentes à de semblables opérations et pour toute leur durée, et récapitulons nos forces au bout de la 46^mc année.

Récapitulation de nos forces annuelles au bout de 46 ans.

Rentes 5 0/0	346,001,605
4/10 du 4 1/2	14,980,190
Rentes 4 0/0	446,096
Une partie du 3 0/0	10,800,000
Total	372,227,891

Quelle tâche nous reste-t-il encore à accomplir?

Et nous avons à racheter peu à peu :

Les six dixièmes restants du 4 1/2	22,470,286
Ce qui reste du 3 0/0	352,872,853

Attaquons le 4 1/2 :

Nous avons dit que nous ne pourrions guère le racheter au-dessous de 112 fr. 50.

C'est un capital de 561,757,150 francs à amortir au moyen d'un placement annuel de 372,227,891 à 4 0/0.

Arrivés au bout de la période de 46 ans, deux ans nous suffisent pour racheter le 4 1/2.

Ce serait l'affaire de moins de deux ans; il faudrait évidemment modérer un tel amortissement et ne le faire que par petites portions et simultanément avec celui du 3 0/0 qu'on pourrait attaquer de suite.

Mais admettons, pour la facilité de nos calculs, que la durée de l'amortissement du 4 1/2 figure pour deux ans dans celle de l'amortissement général ; au fond il en sera toujours ainsi que nous le remboursions d'un coup ou peu à peu conjointement avec du 3 0/0.

Nous pouvons bien admettre qu'avec une telle activité de remboursement le 3 0/0 sera, en moyenne, à 90 fr.

Attaque du 3 0/0 qui représente un capital de dix milliards six cents millions.

Son chiffre restant de rentes, 352,872,853 fr., représentera donc une somme de 10,586,185,590, soit :

Dix milliards et six cent mille francs à amortir au moyen d'un placement annuel de..... 372,227,891

plus le reste de la rente 4 1/2 que nous venons d'amortir, savoir........ 22,470,286

Soit au moyen d'un placement annuel de............................. 394,698,177

à 3,33 0/0, intérêts composés.

Dix-neuf ans suffisent.

Et bien, il faudra 19 (dix-neuf) ans seulement pour que cet amortissement soit complet.

L'amortissement total n'aura duré que 65 ans au plus.

Nous venions de consacrer 46 années au rachat des rentes supérieures au 3 0/0 ; nous aurons amorti le tout en 65 ans à peine, et comme vous voudrez peut-être garder un peu de 3 0/0 pour le service des dotations (je veux parler des emplois obligés) vous pourrez bien arrêter le fonctionnement de notre amortissement cinq ans plus tôt, ce qui réduira notablement sa durée.

Il nous paraît incontestable qu'un tel amortissement, accompli en 60 ans, serait un résultat magnifique, surtout si l'on considère que, malgré toutes les bonnes intentions d'amortir, l'on n'est arrivé qu'à augmenter la dette.

V

Deuxième hypothèse, consistant à ne consacrer qu'une somme annuelle de quarante millions à l'amortissement et cinquante millions en améliorations utiles.

Mais, dans l'hypothèse où nous nous sommes placés, nous avons demandé au pays une résolution héroïque : celle de consentir à gémir encore soixante ans sous les lourdes charges qui l'oppressent.

Essayons comme de le faire respirer un peu ; faisons-le jouir des allégements, des adoucissements que notre projet permet de lui accorder.

Ça été la première idée de M. de Bélair ; c'est surtout, nous l'avons dit, l'idée dominante de M. Pereire.

M. de Bélair a pensé que les 5 0/0 des deux milliards empruntés à la Banque pourraient être répartis ainsi :

0,50 0/0, c'est-à-dire dix millions de commission pour la Banque ;
2,50 0/0, soit cinquante millions à employer à des allégements d'impôts, à des travaux publics, au développement de l'instruction, etc.;
2,00 0/0, c'est-à-dire quarante millions à l'amortissement.

Nous n'avons qu'à assigner à ces derniers quarante millions le rôle que nous venons de faire jouer, dans l'amortissement, aux 87,300,000 francs que nous avons d'abord supposés être à notre disposition.

Je ne répéterai pas, dans ce deuxième exemple, les trop laborieux calculs que je vous ai déjà imposés.

Je les résume sous la forme d'un tableau que je joins à ce rapport, et dont je me borne à vous indiquer sommairement les résultats.

J'ai supposé l'emprunt à la Banque et les rentes remboursés (d'abord en partie pour ces dernières), puis les rentes rachetées ensuite successivement, comme dans le premier cas, aux mêmes cours que j'ai déjà indiqués.

PLAN D'EXTINCTION D   A DETTE FRANÇAISE

au moyen d'une annuité de 40.000.000 prélevés sur la rente 5 ° emboursée en suite de l'emprunt de Deux Milliards fait à la Banq e France

RENTES DIVERSES toute déduction faite de celles retirées de la circulation par l'emploi des deux milliards de la Banque	COURS moyen de RACHAT	CAPITAL à AMORTIR	PLACEMENT ANNUEL affecté A L'AMORTISSEMENT	RAPPORT approximatif du capital à acquérir pour l'amortissement avec le placement annuel	TAUX moyen de l'argent employé à l'amortissement	DURÉE du remboursement en chiffres ronds d'après les tables	Observations Générales
		Les deux milliards empruntés à la Banque	40 millions	5 0/1	4.50	26 ans	
260 millions 5%/₀	112	Six milliards	50 millions	120/1	4.50	42 ans	Il existait 346 001.G05 de rentes 3°/₀, mais nous en avons remboursé au pair le 1/4 au début en prenant sur les deux milliards empruntés à la Banque (voir page 11). Le placement annuel devient 50 millions, parce qu'au bout de 26 ans, nous n'avons plus de commission à payer (voir page 19).
22.500.000 4 1/2 °/₀	112.50	562.500.000	372 millions environ	2/1	4.00	2 ans	Il existait pour 37.450.476 de rentes 4 1/2, mais nous en remboursons au pair les 4 dixièmes, avec une annuité du 5 °/₀, aussitôt que nous avons achevé d'amortir ce dernier fonds (voir page 21).
446.096 4 °/₀	»	»	»	- »	»	»	Pour mémoire; nous remboursons ce fonds au pair, au bout de 70 ans, avec le reliquat de la rente 5 °/₀, après le remboursement ci-dessus des 4 dixièmes du 4 1/2 (c'est l'application de la marche indiquée à la page 21).
352.872.850 3 °/₀	90	Dix milliards six cents millions	395 millions environ	£6/1	3.33	19 ans	Il existait 363.672.853 de rentes; mais nous en avons racheté à 75 pour 10.800.000, avec le reliquat des 2 milliards, après avoir remboursé au début de l'opération le 1/4 du 5 °/₀ (page 16).

DURÉE TOTALE de l'amortissement . . . . 89 ans

26 ans pour rembourser la Banque.

Il ressort de ce tableau des renseignements inté-
ressants :

Nous attaquons l'amortissement de l'emprunt fait
à la Banque avec quarante millions, il nous faut
26 ans pour l'accomplir.

Au bout de cette période, nous disposons d'un
fonds d'amortissement plus fort de dix millions,
parce que nous n'avons plus de commission à
payer.

42 ans pour racheter le 5 0/0.

Nous attaquons alors le 5 0/0 c'est l'opération
la plus laborieuse ; elle dure 42 ans.

Mais à la fin de cette deuxième période, nous disposons d'un fonds d'amortissement de 372 millions ;
nous rembourserons de suite les quatre dixièmes
du 4 1/2 0/0 et le 4.

2 ans pour rembourser et racheter le 4 1/2 et le 4 0/0.

Le reste du 4 1/2 est enlevé en deux ans au moyen
de cette forte annuité, et nous nous présentons ren-
forcé des ressources qu'il nous apporte et qui élè-
vent notre annuité à près de 400 millions devant le
géant du 3 0/0., qui représente un capital de près
de onze milliards.

19 ans pour le 3 0/0.

Notre puissant levier nous débarrasse en 19 ans de ce reliquat formidable.

89 ans en tout pour l'amortissement dans la deuxième hypothèse.

Tout cela n'a duré que 89 ans.

C'est beaucoup, sans doute ; mais les charges du pays n'ont pas été augmentées, et l'intérêt des rentiers a été ménagé avec le plus grand soin ; on ne leur a pas jeté brusquement leurs fonds.

Remunération que trouve la Banque pour le concours qu'elle nous a prêté.

De son côté, la Banque, qui a su faire travailler son annuité de dix millions, a retiré, pendant les vingt-six ans qu'a duré son remboursement, si cette somme lui a rapporté constamment le

5 0/0......................	537,000,000
Si le 4 1/2 0/0...................	500,000,000
Si le 4 0/0...................	460,000,000
Si le 3 1/2 0/0...................	427,000,000
Enfin si le 3 0/0 seulement près de.	400,000,000

Le second projet dure la moitié en sus du premier.

Avantages de la deuxième hypothèse.

Mais combien n'est-il pas préférable ? Il renvoie à l'industrie une somme annuelle de cinquante millions en allégements et en améliorations diverses.

N'y a-t-il pas lieu d'espérer que cette somme, fécondée par le génie national, sera productive en fruits de prospérité ?

Activité remarquable qu'elle permet d'imprimer à l'industrie.

Ne sommes-nous pas fondés à dire qu'elle croîtra aussi, suivant ces règles des intérêts composés que nous avons été forcé, bien à regret, de faire intervenir aussi souvent dans cet exposé, et qu'au bout de soixante ans seulement la richesse générale sera augmentée par le seul fait de cette annuité de cinquante millions de la somme énorme de plus de douze milliards.

VI

Discussion générale.

Il me reste à justifier le principe sur lequel nous nous sommes appuyés pour faire à la Banque un aussi énorme emprunt.

C'est en effet le seul point à discuter, car l'exactitude des chiffres et des calculs n'est pas contestable.

Nous serons bref ; mais nous ne devons pas nous dispenser d'indiquer les motifs qui ont conduit M. Mitiffiot de Bélair à demander à la Banque de France les ressources et l'action de l'amortissement :

L'emprunt à la Banque a des précédents.

Son emprunt à la Banque, sinon tout à fait pour le chiffre, au moins pour le principe, a pour lui les précédents ; écoutons le résumé qui a été fait d'un premier rapport de M. de Bélair (1) :

« Qu'on ne s'étonne pas que M. de Bélair attende
« de la Banque un tel service. Elle ne le refusera
« pas, si l'on tient compte des précédents. C'est elle
« qui, dès l'an XIII, pendant la campagne d'Auster-
« litz, avançait à l'Etat 63 millions et, l'année sui-
« vante, 86 ; plus tard, de 1812 à 1814, elle prêtait
« 884 millions ; à d'autres époques, elle a avancé :
« 600 millions en 1831-1832, 75 en 1848, 100 en
« 1857, et enfin 1530 millions en 1871. C'est elle qui,
« à cette date, a tout soutenu : le Trésor, les dépar-
« tements et les villes, Paris notamment, dont elle a
« soldé les réquisitions imposées par l'ennemi, les

(1) M. Rougier : à la Société d'économie politique de Lyon.

« institutions dont elle a escompté les portefeuilles,
« les particuliers eux-mêmes dont elle a gardé les
« effets en souffrance, à concurrence de 868 mil-
« lions. »

Pour toutes ces avances, la Banque n'a jamais
reçu de l'Etat, à titre de garantie, que la reconnais-
sance des sommes empruntées. Nous lui en offrons
une plus sérieuse encore : de la rente.

Moralité de la garantie offerte.

Sans doute, ces titres de rente ne constitueront
pas la contre-valeur immédiatement disponible des
billets, et le cours forcé sera nécessaire ; mais l'opinion publique saura sur quoi elle peut compter ;
n'ayant rendu qu'à regret une partie de ses titres de
rente, elle aura cette intime assurance que si ces
titres devaient à un moment donné, être jetés de
nouveau sur le marché, ils seraient enlevés avec
avidité ; elle posséderait donc là une garantie morale
supérieure même à la garantie réelle.

Commodité pour la Banque de recevoir par trimestre.

Et puis la Banque recevrait, soit par sa commission annuelle de dix millions, soit par le fait de l'a-
mortissement, des versements trimestriels qui seraient entre ses mains un élément de reconstitution
rapide de son capital et aussi de la confiance publi-

que, si celle-ci avait pu le moins du monde être atteinte.

Enfin l'abondance des capitaux qui résulterait des remboursements ou des rachats successifs de rentes amènerait une activité industrielle et commerciale telle qu'il n'y aurait de place ni pour l'hésitation ni pour la crainte.

Comparaison entre le prix des actions de la Banque à une époque de faible encaisse, c'est-à-dire d'activité et le même prix à une époque de forte encaisse, c'est-à-dire de marasme.

Cela est si vrai que ce merveilleux instrument de crédit qu'on appelle la Banque n'est jamais dans un état aussi brillant que lorsqu'il rend de grands services et fonctionne activement ; c'est bien de lui qu'on peut dire que

« La clé dont on se sert ne se rouille jamais. »

Au 30 avril 1874,

L'encaisse de la Banque était de.. 1,074,054,010
Et les billets en circulation de.... 2,637,052,497
Les actions valaient plus de 4,000 fr.

Au 1er mars 1877,

L'encaisse est de............... 2,219,948,215
Les billets en circulation de...... 2,632,541,190
Et les actions ne valent que 3,370.

Tant il est vrai que ce n'est pas le chiffre plus grand de l'encaisse qui vaut la confiance à la Banque.

ll serait difficile de citer un exemple plus probant en faveur du système de.M. de Bélair.

Nous ne dissimulerons pas l'objection fondamentale qui sera faite au plan de M. de Bélair : on lui reprochera d'enlever à la Banque la contre-valeur disponible de ses billets.

Nous sommes arrivé à penser avec l'auteur du projet que le découvert momentané qu'il impose à la Banque et qu'il commence d'ailleurs à recombler de suite, n'est rien en présence des résultats à obtenir.

Est-ce bien un découvert, le fait qui consiste à ne disposer d'un capital qu'après l'avoir représenté dans les caves de la Banque par des titres de rentes qui sont l'expression la plus catégorique de la parole du pays tout entier ?

En continuant sa confiance à sa Banque, la France ne fera que maintenir celle qu'elle a en elle-même.

« Tout capital (avons-nous lu quelque part) ne
« gît pas dans un objet matériel ; il y a aussi des
« capitaux immatériels, dont le signe fiduciaire
« peut être la représentation positive et acceptée.
« Prenons pour exemple le billet de banque. En
« principe, ce billet n'est que la transformation
« d'une créance commerciale *à terme* en créance de
« banque *à vue*. Mais lorsque la créance commer-
« ciale qui sert de gage au billet de banque a été
« soldée, il arrive souvent que le billet continue à
« circuler, sur la foi qu'a le public dans la solvabi-
« lité de la Banque.

« Et il peut arriver même que la somme totale
« des ressources réelles et actuelles de la Banque,
« encaisse métallique, capital social et portefeuille,
« ne balance pas la valeur des billets de banque en
« circulation. Dans ce cas, il est bien clair que c'est
« le crédit moral de la Banque qui soutient le billet
« et qui le fait recevoir comme argent entre ven-
« deurs et acheteurs. Donc, un signe fiduciaire peut
« se trouver gagé simplement par un capital imma-
« tériel. »

M. de Bélair nous a démontré, par ce qu'on vient
de lire, que son gage était à la fois moral et matériel.

L'utilité morale de ce gage n'est d'ailleurs pas de
longue durée : elle ne s'impose que pendant une
période de seize ou vingt-six ans, suivant que l'on
affecte à l'amortissement tout ou partie des rentes
rachetées. Cette période, relativement courte, termi-
née, la Banque a recupéré tous ses capitaux. Nous
avons même établi qu'elle en recupère très-vite une
grande partie dès l'origine de l'application du
système.

Une nation qui veut se relever, qui veut secouer
une fois pour toutes un poids qui l'oppresse, qu'elle
reconnaît anormal, que tous ses financiers n'ont
réussi qu'à augmenter tout en voulant l'alléger, ne
saurait-elle donc avoir au pis-aller vingt-six années
de patience et de confiance en ses propres forces !

On nous dira que dans le cas de quelque éventua-
lité belliqueuse les ressources ne se retrouveraient
plus immédiatement disponibles. Mais d'abord, le

pays veut la paix, il la conservera, nous l'espérons ;
— et si une cause légitime, sérieuse, venait motiver
la défense de sa dignité, de son honneur et de son
indépendance, quelle disposition serait pour lui la
plus favorable à l'accomplissement de sa tâche?

Serait-il préférable qu'il fût surpris travaillant
avec énergie, avec confiance en lui-même à son re-
lèvement, par l'amoindrissement, par l'annulation
progressive de sa dette, ou qu'il fut surpris gémis-
sant stérilement sur l'énormité de ses charges, sans
arriver jamais à les alléger?

Quelle est celle de ces deux dispositions qui l'ex-
citerait le plus au courage?

Il nous semble que dans le premier cas les capitaux afflueraient bien vîte de nouveau à la Banque
s'il le fallait, en échange des titres déposés, et que
d'autres capitaux, fruits d'une épargne provoquée
par l'activité industrielle, viendraient se joindre aux
premiers.

Nous ne voyons pas en quoi le système de M. de
Bélair contrevient sérieusement aux règles financières. Il a pour lui des précédents récents, actuels
mêmes, à cette différence près que ces précédents
ont été le résultat de la force des choses et non l'application de mesures concertées.

Mais, d'un autre côté, une expérience qui a été
faite sans périls pour la valeur des billets de banque,
dans le moment le plus douloureux peut-être de notre histoire, ne saurait avoir de fâcheux résultats
à une époque de prospérité relative ou tout au
moins entrevue et comme à son aurore.

En généralisant un peu et pour un temps même très-court les mêmes mesures, nous mettons entre les mains du pays un levier puissant qui arrive promptement à le débarrasser ou, si l'on veut bien nous permettre une autre figure, nous engrenons la pompe appelée à vider la coque du navire et à le remettre à flot.

N'est-ce pas notre devoir d'exposer ce mécanisme à l'opinion, d'appeler sur lui une discussion sérieuse et approfondie ?

Si de cette discussion doit résulter le rejet du système, peut-être suggérera-t-elle d'autres moyens; mais enfin qu'on amortisse sérieusement. Il n'est pas possible que nous continuions à traîner longtemps après nous un boulet qui peut, à un moment donné, malgré toute notre vitalité, nous entrainer à un péril dont nous n'osons même pas prononcer le nom (1).

(1) Nous ne devons pas perdre de vue que nous avons aujourd'hui, par suite de nos malheurs, une dette de vingt-deux milliards (?), la plus forte qui existe dans le monde, et si nous ne la réduisons pas, nous pouvons nous trouver à certains moments, dans de grands embarras. Déjà elle est un obstacle sérieux à une foule d'améliorations qu'on pourrait faire et qui sont ajournées à cause d'elle. C'est à cause d'elle qu'on maintient beaucoup de petites taxes mal justifiées et qui sont une entrave au progrès de la richesse.

M. Bonnet. Considérations sur les Impôts, *Revue des Deux-Mondes*, du 15 novembre au 1er décembre 1877.

Le budget français était de 800 millions en 1815, de un milliard en 1830. En 1870, il s'est élevé à 1800 millions. Celui de 1878 est de 2,800 millions. C'est un milliard d'augmentation en huit ans ou de 400 millions, soit de 50 millions par année, si l'on déduit les 600 millions de charges annuelles que nous ont imposé les désastres de 1870. (*Moniteur judiciaire de Lyon* du 15 novembre 1877.)

(Rapport de M. Ducarre à la Société d'Economie politique de Lyon.)

Il faut que la France arrive à voir fonctionner chez elle ces grandes lois économiques qui sont la santé des peuples, et qui leur donnent la satisfaction peu coûteuse de leurs besoins, en même temps que l'augmentation constante des ressources et du confort.

Mais pour fonctionner, les lois économiques veulent la liberté dans toute l'étendue que comporte cette expression, et une nation ne saurait se dire véritablement libre quand elle traîne après elle, pour des motifs, la plupart désastreux et humiliants, loin, par conséquent, d'être reproductifs, une dette de vingt milliards.

FIN

Lyon. — Impr. P. Mougin-Rusand, rue Stella, 3.